Originalausgabe

Buddha

Aphorismen

Buddha hatte sein Heim und seine Familie verlassen, weil er nichts weniger suchte als den Ausweg aus dem Leiden. Nach vielen Jahren der Suche und sehr harten Übungen erreichte er das Ziel. Dieses Heilsziel nennen wir heute Nirwana. Es ist wahrscheinlich das höchste spirituelle Ziel, das erreicht werden kann. Seitdem sind viele tausend Jahre vergangen und der Buddhismus ist zu einer der blühendste Weltreligionen geworden. Die kleinen Aphorismen in diesem Buch sind wie kleine Lotosblüten für den Geist. Ihr Duft soll den wahren Geschmack des Buddha Dharma verbreiten, von dem Buddha sagte, dass es ausschließlich der Geschmack der Befreiung ist.

Buddha ist
Mein Gewissen
Und mein Kummerkissen.

Mitgefühl
Heilt die Welt
Und dein krankes Herz.

Manjushris
Zweischneidiges Schwert
Besteht aus Weisheit und
Mitgefühl.

Was Buddha ist,
Frage nicht,
Lebe einfach nur
Den heiligen Weg.

Tugend heilt.
Meditation befreit.
Weisheit vereint.

Einsam und allein
Ist ein besseres Sein,
Als zusammen zu sein
Mit Tugendlosen.

Tief in dir Selbst
Wartet die Leere
Eines glücklicheren Lebens.

Du bist Buddha,
Niemand sonst.
Doch noch erkennst
Du dich nicht.

Kämpfe nicht
Mit den Menschen.
Bekämpfe nur Gier
Und Hass in dir.

Dort wo Buddha ist,
Strahlt das Licht
Des Friedens.

Träume sind wahrer
Als die Illusion
Eines inhärenten Selbst.

Buddhas Lächeln
Wird die ganze
Welt retten.

Sitzen und
Meditieren, um sich
Mit sich selbst
Zu konfrontieren.

Achtfacher Pfad
Mit der Kraft
Zu heilen.

Wir heilen,
Weil die Weisen
Uns leiten.

Tausend schöne Worte.
Keine schöne Tat.
Das ist der Pfad
In den eigenen Abgrund.

Buddhisten sollten
Nicht predigen,
Sondern schweigsam
Die Silas leben.

Geben und nehmen.
Jeder steht auf
Jeder Seite und bekommt,
Was er/sie gibt.

Siehst du den Buddha
Oder sieht
Der Buddha dich?

Deine Sorgen
Können enden.
Du kannst dein Leben
Zum Besseren wenden.

Viel mehr gibt es,
Als worüber der Buddha sprach,
Denn er sprach nur über das,
Was das Leiden beenden kann.

Buddha im Mandala.
Ein Labyrinth, das zur
Befreiung führt.

Die Welt
Ist Buddha.
Nicht ist die
Welt Buddha.

Nirwana passt
Nicht in Worte,
Aber fühlt sich
Frei an.

Winter und Sommer.
Tod und Leben.
Verblendet und erleuchtet.

Wir werfen uns vor
Den Buddhas nieder,
Um unsere Buddhanatur
Zu spüren.

Sie sagen Eisenvögel
Brachten den Buddhismus,
Aber es ist das Herz,
In dem er bleibt.

Süchtig nach
Den Dingen
Verlieren wir
Uns selbst.

Das ewige Geben
Ist das wahre
Bodhisattvaleben.

Karma ist
Eine Lehre des Dharma.
Es formt und
Belehrt uns.

Tausend Buddhas
In diesem Kalpa und
Alle wollen dich befreien
Von allen Sorgen.

Kalpas sind lang,
Länger als ein Sonnenleben.
Kalpas wirst du leiden,
Wenn du nicht erwachst.

Leiden wächst oder
Leiden verringert sich.
In beiden Fällen schaffst
Du die Ursachen.

Regen fällt auf die Welt und
Perlt auf die Haut der Meditierenden,
Welche sich niemals ablenken lassen
Und sich weiter auf den Pfad konzentrieren.

Finde Frieden
In Buddhas Lehre.
Lebe Frieden
Auf Buddhas Wegen.

Wahrheit heilt.
Lüge lässt das Leid
Nur weiter weilen.

Heraus aus dem Unglück,
Hinein ins Glück
Mit wachem Geist
Und Weisheit.

Mein Lebenslicht
Erhellt sich
Durch Buddhas Licht.

Finde den Weg
Zu deinem Herzen
Jenseits aller Schmerzen.

Der Dharma des Buddha
Ist alt und wahr.
Er ist ein Pfad mit
Heilsamer Kraft.

Ruhm und Ehre vergehen,
Während Dharma-Schätze
Fortbestehen.

Buddha ist jederzeit bereit,
Dir die Hand zu reichen,
Sobald du bereit bist,
Ins Nirwana zu schreiten.

Äußerlich scheinen
Wir. Doch
Innerlich sind wir.

Niemals umdrehen,
Egal was sie sagen,
Egal was sie denken.

Das Ziel ist jeder Schritt
Und wenn es heute nur
Ein kleiner ist:
Ich gehe vorwärts!

Die Kritiker und Zweifler
Sehen nur sich selbst,
Sie sehen nicht die Größe,
Die in uns wächst.

Hafte nicht an gestern.
Sehne dich nicht nach morgen.
Lebe hier und jetzt.

Buddha lehrte,
Damit das Begehren der Herzen
Sich in Mitgefühl und Mitfreude
Verwandelt.

Jedes Wesen sucht Glück.
Wir alle wollen glücklich sein.
Wir können es zusammen
Erreichen!

Frei von Todesangst,
Den Sinn im Unsinn sehen
Und wahrhaft Liebe leben,
Sagen sie, ist das Zeichen der Weisen.

Ich folge Buddha,
Denn ich bin zu müde,
Um weiter den Versprechen
Des Materialismus zu folgen.

Sein oder Nichtsein;
Aber Buddhisten fragen,
Was ist weder Sein
Noch Nichtsein?

Leerheit ist das
Wahre Wesen aller Wesen,
Aber es gibt keine Leerheit.

Stirbt das Ich,
Bevor der Körper stirbt,
Stirbt die Angst vorm Tod.

Anfänger glauben,
Buddha lehrte vom Nicht-Ich.
Profis wissen, Buddha lehrte
Weder das Ich noch das Nicht-Ich.

Loslassen vom Hassen
Und vom Gieren nach Dingen,
Die süchtig machen.

Kein Buddha existiert
Außerhalb von
Dir selbst.

Zwischen den Extremen
Wählte Buddha den mittleren Weg,
Weil er heilsam ist.

Wir meditieren,
Weil wir uns mit unserem
Leiden konfrontieren.

Ist zwischen uns Hass
Und Neid, entsteht Leid.
Ist zwischen uns Weisheit
Und Mitgefühl, dann heilen wir.

Wahre Praxis
Hat keine Zeiten,
Sie ist allgegenwärtig.

Buddhas Namen
In jedem Augenblick
Im Herzen tragen.

Warum, fragen die einen.
Helfen tun die andern,
Ohne zu fragen.

Das wahre Herz
Im wahren Menschen
Hört auf zu kämpfen.

In der Welt zählt die Macht.
Doch in den höheren Sphären
Lässt sich nur mit Weisheit
Etwas bewegen.

Der Glaube an Festheit und
Stillstand ist wider die Natur.
Buddhas Lehre ist ein reißender Fluss,
Der zur Befreiung strömt.

Im Frieden wächst die Weisheit.
Während Dumme Kriege machen.
Buddha ist mein Weisheitslehrer.

Nie wieder leiden,
Heißt nie wieder
An dem Leiden zu haften.

Der größte Feind
Ist deine eigene Unwissenheit,
Die dich pausenlos
In die Scheiße reitet.

Buddha nutzt,
Denn Buddha schützt
Vor Sorgen und Kummer.

Einsam, allein,
Ohne zu leiden
Ist das heile Leben.

Buddhas Schwur
Galt ausnahmslos
Dem Wohl aller Wesen.

Morgens sitzen und meditieren,
Damit wir den Arbeitstag ohne
Psychische Wunden überleben.

Heilung ist keine Meinung.
Heilung ist harte Praxis
Auf Buddhas Pfad.

Der Tod ist wie ein Punkt,
Die Krise wie ein Komma.
Aber die heiligen Texte
Enden alle im Nirwana.

Als Baby und Greis
Bist du bereits
Karmisch weit gereist.

Atmen und gewahr
Werden, was wirklich
Wahr ist.

Einfach Sein
Fern des Leidens
In reiner Freiheit.

Taten führen hinauf
Oder hinab, es bleibt
In jeder Welt die Zuflucht
Zu den drei Juwelen.

Gemeinsam zu sitzen
Und verbunden durch die Luft,
Sind wir gewahr.

Lebe dein Leben
In vollen Zügen,
Aber bedenke immer
Die Konsequenzen.

Ein Licht in dunkler Nacht.
Es ist der Dharma in der
Materialistischen Welt.

Glaube an Buddha
Und vertrau Buddha.
Vor allem aber versuche,
Ihn zu verstehen.

Die Welt zu verändern
Beginnt, indem wir uns
Selbst verändern.

Träumen Buddhas
Oder erträumen
Wir uns zum Buddha?

Wege ins Glück
Sind Wege
Zur Wahrheit.

Buddhas Pfad
Ist alt, sogar älter als die Welt.
Buddhas Pfad ist neu,
Sogar das Neueste vom Neuen.

Zen zerbricht
Den Geist
Und macht ihn frei.

Helfen, geben und
Füreinander einstehen,
Sind die wahren Dharmawege.

Buddha zu folgen,
Heißt nicht hörig
Oder blind zu sein,
Sondern zu überlegen.

Dakinis, Dharmapalas und
Transzendente Bodhisattvas:
Reich ist das Dharma-Universum.

Glaube und vertraue,
Aber letztendlich verlasse dich
Auf deinen erleuchteten Geist.

Buddhas Weg
Ist alt und verborgen.
Erwerbe Weisheitsaugen,
Um ihn zu schauen.

Mönche und Nonnen
Streben nach höheren Freuden
Als den Sinnlichen.

Langsam. Ganz langsam.
Achtsam. Ganz achtsam.
Erkenne, wer du wirklich bist.

Aus Dummheit
Entsteht Leid,
Doch die Weisheit heilt.

Macht und Ohnmacht
Entstehen in der Welt.
Verstehe dich selbst
Und werde ein Held.

Von Leerheit wird gesagt,
Dass sie eine höhere Wahrheit
Als alle Worthüllen ist.

Grüne Buddhas.
Blaue Buddhas.
Buddhas in allen Farben
Des Regenbogens.

Buddhas Licht sticht
Durch die Nebel
Der Unwissenheit.

Gier, Hass und Idiotie
Sind die Quellen des Leidens.
Buddha kann sie alle vertreiben.

Nirwana ist,
War und wird sein
Dein Heil.

Buddhas Kinder streben weise
Und verstehen das Leiden.
Begegne ihm mit Mitgefühl.

Wir alle leiden.
Wir alle machen Fehler.
Wir alle streben nach Glück.

Buddha beweist,
Dass seine Lehre
Alles Leid heilt.

Millionen Buddhisten
Danken täglich dem Buddha
Für seine Lehren.

Weisheit ist der Pfad,
Auf dem die Ursachen
Fürs Leiden enden.

Karma
Ist das Erbe
Ohne Ich.

Gute Taten reichen,
Um das eigene Herz
Zu heilen.

Schönheit vergeht.
Weisheit überlebt.
Wähle deinen Weg!

Du bist nie allein,
Denn dein Karma
Wird immer bei dir sein.

Buddhas Worte
Sind Geschenke
Tiefer Weisheit.

Zu meditieren heißt,
Sich mit sich selbst
Konfrontieren.

Nirwana ist
Unbeschreiblich
Und unleidlich.

Buddhas sind,
Das weiß jedes Kind.
Doch was Buddhas sind,
Ist der Weisheit größtes Rätsel.

Helfen, geben und
Füreinander leben
Sind des Dharma Regeln.

Das Licht
Wahrer Heilung
Strahlt auf dem Dharmapfad.

Getroffen von einer Kugel,
Fragst du, wer sie auf dich schoss
Oder wie du die Wunde heilst?

Magische Wesen
Auf Tibets Wegen
Zur Erleuchtung.

Heilung wartet
Auf die Tapferen,
Die den Achtfachen wagen.

Glück beginnt,
Wenn wir wirklich ehrlich
Zu uns sind.

Weder Ich noch Nicht-Ich
Lehrte der Buddha.
Aber er lehrte zu leben,
Ohne zu leiden.

Buddhas Weisheit heilt.
Buddhas Lehre will
Befreien von allem Leid.

Verworrene Wege und
Depression sind der wahre Lohn
Karmischer Hohn.

Nach innen schauen,
Heißt den Buddha
Zu schauen.

Eine Familie
Wird zur Sangha,
Wenn in ihr Mitgefühl
Und Weisheit lebt.

Der Pfad
Ist heilig.
Das Ziel
Unbeschreiblich.

Höher als das höchste Glück.
Reicher als der größte Schatz.
Mächtiger als alle Macht.
Das und mehr ist Nirwana.

Vergib ihnen,
Vergib dir und
Lernt euch zu mögen.

Buddhas Lehre
Ist der Dharma.
Buddhas Weg ist
Die Wahrheit.

Worte heilen
Oder sie zerteilen
Und schüren Leiden.

Dankbar geben,
Denn solange wir geben,
Haben wir genug zum Leben.

Loslassen
Und erhalten.
Festhalten und
Verlieren.

Fühle wahr.
Weine, wenn du weinst.
Lache, wenn du lachst.

Der Pfad des Loslassens
Ist der Pfad des Erwachens
In grenzenloser Fülle.

Du bist der Kern
Des ganzen Universums.
Du bist der Spiegel
Der ganzen Welt.

In dir wartet
Das größte Abenteuer
Deines Lebens.

Sieh durch das Oberflächliche,
Das Schönheit, Ruhm und Reichtum
Heißt und erkenne die Vollkommenheit
Im Sein.

Augen und Ohren
Sehen und hören.
Nur das Herz spürt
Die höhere Weisheit.

Wir sind zerrissen.
Hass, Gier, Neid und Angst
Bauen Mauern zwischen uns.

Wahr ist für uns,
Was wir für wahr halten.
Doch Buddha zu folgen,
Heißt an eine höhere Wahrheit zu glauben.

Kein Moment
Ohne Chance
Ein für allemal
Zu erwachen.

Was Buddha uns mit
Seinem Leben sagen will,
Ist, dass alle unsere
Probleme lösbar sind.

Nie wieder zu leiden,
Versprach der Buddha all jenen,
Die den achtfachen Pfad vollenden.

Der schlimmste Feind ist
Die Unwissenheit.
Der Gefährlichste der Hass
Und der Größte die Gier.

Die Buddhas lehren,
Aber ihre Lehre wirkt nur,
Wenn wir sie annehmen.

Vollkommen frei.
Ohne jeden Zwang oder Beschränkung.
Endlos leidloses Nirwana.

Jeden Tag üben,
Denn Nirwana wartet.
Jeden Tag die Wahrheit spüren
Von Buddhas heiligem Pfad.

Sinn erweckt
Den inneren Helden,
Der nach Vervollkommnung strebt.

Träume streben und weben Wehmut.
Der Traum vom Nirwana
Ist der einzige, der sein
Versprechen erfüllt.

Schritte im Sand vergehen.
Atem löst sich auf.
Das Ich verweht tot.

Dramen des Lebens
Gewebt aus verblendeten
Gedanken.

Ein Feuersturm verzehrt
Die ganze Welt.
Doch kein Feuer der Welt
Kann das Karma verzehren.

Buddhas fliegen
In den Sternen.
Buddhas wiegen
Ihre Erben.

Was bleibt am Ende
Deines Lebens?
Kein Gesicht. Kein Name. Kein Besitz.
Nur dein Karma!

Heile mit Buddhas feinen
Worten und treibe
Auf dem Floss des Dharma.

Das Leben beginnt und
Zerrinnt mit jedem Augenblick.
Nur dein Karma besteht
Noch lange nach deinem Tod.

Was Dharma ist, ist einfach:
Es ist eine Gebrauchsanweisung,
Um alles Leiden zu überwinden.

Jedes Wort kann heilen
Oder die Menschen zerteilen
In brutalen Kriegen

Sich Niederwerfen
Vor den Buddhas
Und sich spüren.

Versprechen und
Schwören und alles tun,
Um eine Bodhisattva zu werden.

Wir lieben Buddha,
Denn er verließ sein Heim,
Um einen Weg zu finden,
Damit wir unser Leid loswerden.

Nirwana ist mehr
Als der Himmel eines Gottes
Und mehr als das Paradies.

Tausend Buddhas
In einem Kalpa.
Nur ein Moment
Des Erwachens.

Glück entsteht
Aus dem wahren
Herzen.

Sitz und meditier
Und sezier dich
Wie ein Arzt.

Buddha sieht
Mit weisen Augen
Über die Welt.

Mit reinem Glauben
Den Buddhas Vertrauen
Und ihre Lehre verwirklichen.

Das Herz der Menschen
Voll von Gier und Hass leidet.
Befreit davon, strahlt es
Grenzenlos glücklich.

Die Ohren hören und
Die Augen sehen.
Doch die befreiende Wahrheit
Liegt jenseits von hören und sehen.

Im Himmel und
Auf Erden können nur
Die Buddhas den Weg
Zur vollkommenen Befreiung lehren.

Jeden Tag meditieren
Und sich mit der eigenen
Unzulänglichkeiten konfrontieren
Und sie einfach akzeptieren.

Tränen rollen.
Herzen brechen.
Geliebte sterben.
Samsaras Gesetz nimmt allen alles.

Frieden winkt
Auf Buddhas Wegen
All jenen, die fleißig üben.

Ein Pfad
Mit der Macht
Glück zu schaffen.

Buddhas Vorbild
Ist die nährende Sonne
An unserem Horizont.

Heilige Worte.
Heilige Wesen.
Heilige Wahrheit.

Im Glauben an Buddha
Folgst du seinem Achtpfad
Und wirst im Glück erwachen.

Weisheit zerschneidet
Die Nebel der Unwissenheit
Und zeigt roh und nackt,
Woraus Leid gemacht.

Zerschneide dein Ich
Und erfahre,
Wer du wirklich bist.

Leer treibt der Ozean
Und du bist das Blatt
Im Sturm karmischer Wellen.

Die Kostbarkeit des
Menschseins vergessen
Die meisten Menschen und
Verschenken die Chance auf Glück.

Vergänglich ist selbst
Jeder Gott und leer
Seine Göttlichkeit.

Wir sind Gestrandete
Vieler Leben.
Wir werden Erwachte,
Ohne weiter festzukleben.

Sinn und Unsinn
Sind wie Leiden
Und Heilen.

Des Buddhas helfende Hand
Ist der Dharma, die er dir
Entgegenstreckt, um dich
Aus dem Dreck zu ziehen.

Der Lotos
Verwandelt den Schlamm
In eine wunderschöne Blüte.
Das war Siddharthas Metapher.

Fühlen, was die Freunde fühlen
Und fühlen, was die Feinde fühlen.
Aber fühle dich auch selbst und
Umarme dich mit wacher Liebe.

Buddhas Liebe heilt
Alle Sehnsucht und
Alle Gier.

Wahre Erfüllung findest
Du nirgends in der Welt.
Aber der Buddha-Dharma
Erfüllt mit grenzenloser Weisheit.

Ohne Ende üben.
Ohne Ende praktizieren.
Endlos frei von Leiden werden.

Buddhas Lehre ist alt,
Älter als der Buddha Shakyamuni.
Sie ist immer da,
Wo wahres Verstehen lebt.

Dunkle Tage. Harte Jahre.
Dir bleibt nur fern am Horizont
Das Licht des Nirwana.

Ein Baum. Ein Windstoß.
Der Blick in den Augen des Meisters.
In allem sucht der Schüler
Die Spuren des Dharma.

Im Buddhafeld hält
Dich der Amitabha Buddha,
Bevor du karmisch fällst.

Karmische Schuld und
Karmischer Verdienst
Zählen am Ende nicht.
Wähle Bodhichitta.

Der Tod reift
In jedem Wesen.
Buddha lehrte die Weisheit,
Den Tod zu transzendieren.

Verträume dein Leben
Und verliere die Chance,
Gutes Karma zu sammeln.

Heilsame Gedanken,
Worte und Taten
Sind der Pfad ins Paradies.

Güte rettet die Welt
Und Buddhas Weisheit
Rettet unser Herz.

Krankheit schleicht
Von den Knochen in den Geist
Und wird dich zerbrechen,
Wenn du nicht dreifache Zuflucht hast.

Das Tor des Todes
Und das Tor des Lebens
Sind in Samsara zwei Seiten
Einer Medaille.

Eine bessere Welt
Entsteht aus den endlosen Stunden
Einsichtiger Meditation.

Zweifel haben
Solange Macht über dich,
Solange du an die Welt glaubst,
Statt an dein erleuchtetes Herz.

Zusammen niederknien
Und Zuflucht nehmen
Zu Buddha, Dharma und Sangha.
Das schafft starke Freundschaften.

Der Weg des Dharma
Ist der Weg zu dir selbst,
Auf dem dein Ich
Leer verweht.

Hektik und Stress
Fressen uns auf.
Dabei können wir jederzeit
Einfach anhalten und meditieren.

Die Armen zu nähren
Und die Reichen zu belehren,
Ist der Bodhisattva Wesen.

Wahre Hoffnung ist,
Dass Buddha den Weg
Zum Ende allen Leidens lehrte.

Buddha hilft
Jedem Wesen,
Das seine Zuflucht nimmt.

Karmas Macht erschafft
Und durchleuchtet das Herz
Bis auf den tiefsten Grund.

Buddhas Wege
Helfen im Leben
Und bringen
Inneren Frieden.

In den Augen
Der Kinder leuchtet
Das Gesetz des Karma.

Buddhas fliegen
Auf den Teppichen
Grenzenlosen Bewusstseins.

Sitzen und sich
In sich selbst versenken,
Heilt vom Wahn des Egos.

In deinem Herzen
Wartet der Buddha.
Schließe einfach deine Augen.

Mönche und Nonnen
Verlassen die Welt,
Denn die Herzlosigkeit der Welt
Widert sie an.

Mit ganzem Herzen die Welt umarmen
Und ohne Unterschiede lieben,
Das, sagte Buddha, ist
Die wahre Göttlichkeit.

Den Neustart wagen
in Buddhas Pfaden
Und glücklich werden.

Ihr sucht am falschen Ort.
Wenn ihr Buddha sucht,
Dann sucht in eurem Herz.

Die Buddhanatur lebt
Selbst in Mördern und Vergewaltigern
Und die Buddhanatur wird dafür sorgen,
Dass sie ernten, was sie säen.

Du kannst anhalten, aussteigen
Und komplett neu auf
Dem Buddhapfad anfangen.

Kummer quälte mich.
Sorgen erwürgten mich.
Schmerzen fesselten mich.
Buddha erlöste mich.

Wenn wir Buddha sind,
Senden wir das Licht,
Wie einst Siddhartha,
Zu den leidenden Wesen.

Vergiss Rasse, Geschlecht
Und sozialen Status.
Konzentriere dich nur auf
Das wahre Herz der Buddhanatur.

Glauben und Vertrauen
Reichen weit bis ins Himmelreich.
Doch Weisheit reicht weiter
Bis ins Heil Nirwanas.

Wir verträumen unser Leben
Und geben uns Sehnsüchten hin.
Würden wir erwachen,
Könnten wir das perfekte Leben leben.

Heilen mit Weisheit.
Wachsen mit Mitgefühl.
Strahlen mit Dharma.

Ich denke, also bin ich,
Sagen die Bücherwürmer.
In Wahrheit sind wir so viel mehr
Als unser Denken.

Die Welt endet und
Vergeht. Doch alles was wird sind,
Ist Geburt und Tod.

Eine wahrhaft reiche Welt
Erkennt man an der Anzahl ihrer Weisen.
Unter den Weisen ist der König
Der siegreiche Buddha.

Zuflucht zu den drei Juwelen
Nehmen in diesem und in allen
Kommenden Leben.

Das Diesseits und
Das Jenseits waren nicht
Das Zentrum von Buddhas Lehre.
Es ging um die Erlösung vom Leiden.

Bau dein Vertrauen auf
Und vertraue drauf,
Dass Buddha die
Wahrheit geschaut.

Wir hoffen und beten,
Aber die Wahrheit ist,
Nur mit harter Praxis
Werden wir Erlösung finden.

Die Lüge ist leicht,
Doch sie bringt Leid.
Die Wahrheit ist hart,
Sie ist der Befreiungspfad.

Was das Leben ist,
Spürst du, wenn du
Ganz ruhig bist.

Wir träumen, während wir leben
Und verpassen so das Leben.
Es ist Zeit aufzuwachen.

Buddha ist der Erwachte.
Er erwachte aus dem Sog des Leidens
In der wahren Welt aus reinem Sein.

Liebe ist vierfach im Dharma.
Liebe und fühle,
Wie die Vierfache alles verbindet.

In einer Welt des Friedens
Wird der Buddha Dharma blühen.
Doch Buddhas Dharma ist
Friedlicher als jeder Weltfrieden.

In den Blättern und im Wind
Fanden Zenmönche
Die höchste Wahrheit des Nirwana.

Schritt für Schritt
Auf dem Weg, der aus
Acht Teilen besteht.

Das Leben vergeht.
Karma besteht
Fort und die Erben erleben.

Fünf Sinne.
Ewiges zerrinnen
Allen Seins.

Größe berechnet sich nicht
Durch die Größe unserer Taten,
Sondern durch die Größe unseres Herzens.

Glaube nicht
Deinem Zweifel oder deiner Angst.
Glaube Buddha. Er sagt:
Du bist auserkoren zu erwachen.

Die Orte ändern sich,
Aber der Weg des Herzens
Bleibt in jeder Welt gleich:
Weisheit und Mitgefühl.

Kleine Schritte zum Glück
Summieren sich und
Bald badest du im Glück.

Alte buddhistische Meister
Belehrten jedes Wesen und
Doch ist die Verblendung
Bisher nicht besiegt.

Buddhismus ist einfach:
Es gibt nur drei Gründe für Leid.
Hören sie auf, endet alles Leid.

Immer wieder meditieren
Und sich mit sich selbst konfrontieren
Und so zu einem höheren
Selbst transformieren.

Die Angst wird wachsen,
Solange du an die Welt glaubst.
Die Angst wird für immer verschwinden,
Sobald du Buddha folgst.

Träume von Geld und Sex
Fallen in sich zusammen.
Der Traum vom Nirwana
Wird alle Fallen zerstören.

Ich glaube.
Ich vertraue.
Vor allem aber: ich verstehe!

Anhaftung quält,
Denn sie wählt
Immer wieder die alten Wege
Aus Kummer und Sorgen.

Wie Klebstoff
Haften wir an den Sinneseindrücken
Und vergessen, wer wir wirklich sind.

Ehrlich sein
Und sich befreien.
Doch die Lügen der Welt
Sind zuckersüß.

Buddha lehrte,
Dass mit Hass und Gier
Die Menschen niemals
Frieden finden.

Buddhas Lehre ist einfach.
Vier Wahrheiten und ein
Achtfacher Pfad umfassen
Die ganze Welt.

Buddhas sehen und
Hören göttliche Wesen
Und sie hören und sehen
Alle leidenden Menschen.

Lebe weise
Und befreie dich
Von Hass und Gier.

Eine Gesellschaft,
Die Buddha folgt,
Wird heilen.

Kein Tag vergeht, an dem dir nicht
Möglich ist, auf dem Pfad weiterzuschreiten;
Bis zur Erleuchtung.

Lebe dein Leben.
Aber alles vergeht,
Selbst dein Tod.

Im Gesicht blitzt
Das Lächeln
Aus der Erfahrung
Der Erleuchtung.

Mantren singen.
Mudras klingen.
Einfach meditieren.

Winter bringt Schnee.
Der Sommer die Sonne.
Buddha die Erleuchtung.

Tausende Wege
Bietet die Welt.
Nur der Weg des Buddha
Führt zum finalen Erwachen.

Der Bauer erntet.
Der Maurer baut.
Der Politiker wirbt.
Der Buddha lehrt.

Hoffnung strahlt
Über der Welt,
Denn Buddhas Lehre heilt.

Mitfühlen mit den Armen
Und Reichen, denn Leid wächst
In allen Klassen.

Neugeboren
Mit Karma in der Wiege.
Buddha sagt, kostbar
Ist das Menschenleben.

Ich glaube und
Ich habe Vertrauen,
Denn ich habe
Buddha geschaut.

Wir leben als anonyme Wesen
Nebeneinander her,
Weil unserer Gesellschaft
Echtes Mitgefühl fehlt.

Studiere den Dharma.
Lerne jedes Wort des Buddhas.
Doch was am Ende zählt,
Ist Praxis!

Wir sind nicht einfach geboren
Und sterben dann und das war's.
Dass das nicht wahr ist,
Hat der Buddha gesagt.

Helfende Hände
Warten auf die
Helfenden Hände.

Eine heile Welt
Wird aus den heilen Herzen
Ihrer Bewohner geboren.

Acht Weltwinde
Peitschen die Weltlinge.
Kein Sturm bedrängt
Die Erwachten.

Tode sterben.
Wiedergeboren werden
Und Karma erben.

Wenn Wahrheit heilt;
Warum hält die Welt so sehr
An der Lüge fest?

Buddha wagte
Und dann erkannte
Er das Wahre.

Lebe weiter so
Und leide weiter wie bisher.
Oder du änderst etwas
Und wirst dein Leiden los!

Ins eigene Herz sehen,
Sich selbst annehmen
Und sich selbst vergeben.
Liebe dich, als ob es keinen Morgen gibt.

Im Frühling säen und
Im Herbst ernten,
Ist wie im Leben das Karma säen
Für das Reich des Todes.

Güte schadet nie.
Herzlichkeit befreit immerzu.
Mitgefühl bringt grenzenlosen Frieden.

Buddhas fliegen
In den Sternen und
In unseren Herzen.

Dein Tod ist unausweichlich,
Aber dein Leiden nicht.
Du könntest frei von Leiden
Bis zu deinem Tod leben.

Acht Schritte
Umfassen das ganze Leben,
Denn nur so kannst du vollkommen
Glücklich werden.

Tatsachen sind unumstößlich.
Der Buddha war und bewies,
Nirwana ist wahr.

Finde den Fehler
Im System.
Sieh dein Ich
Im Spiegelbild.

Ehre, wem Ehre gebührt.
Doch wem anderes gebührt Ehre
Als wer seine eigene Gier besiegt.

Sie glauben die Wahrheit liegt im Geld
Oder im Geschlecht oder in Rassen.
Aber die Wahrheit liegt viel tiefer
Als diese weltlichen Dinge.

Jeder Augenblick ist ein Geschenk.
Du kannst ihn mit Sinnlosem verschwenden
Oder ihn nutzen, um Gutes zu tun.

Mitgefühl ist der Weg
Zu einem Leben
Der Erfüllung und des Sinns.

Träume, die aus Gier geboren,
Werden im Leid enden.
Träume, die aus Liebe geboren,
Werden die Welt in eine bessere verwandeln.

Am Ende wartet Nirwana
Und erlöst jeden vom Leiden.
Doch geschieht es in diesem Leben
Oder in tausend späteren?

Sieh, wer du wirklich bist.
Erkenne dein wahres Wesen.
Die Lüge lässt dich leiden.
Die Wahrheit wird dich heilen.

Gesunde Kinder haben
Gesunde Körper und Geister.
Buddhas Lehre heilt den Geist.
Sie ist die beste mentale Medizin.

Geöffnete Tore des Dharma
Mutig durchschreiten
Und heilen.

Als Kind, Mann
Oder Greis: Erleuchtung
Ist immer möglich.

Wenn die Tränen versiegen,
Bleibt die Chance, den Schmerz
Als Lehrmeisterin zu nutzen.

Jeder Tag, der ungenutzt verstreicht,
War ein Tag, an dem du vollkommen
Aus deiner Verblendung hättest
Erwachen können.

Wir verträumen unser Leben
Mit Träumen von Macht und Geld.
Aber die wahrhaft wertvollen Werte
Sind Mitgefühl und Hilfsbereitschaft.

Hätte ich heilige Flügel,
Würde ich ins reine Land fliegen.
Aber ohne Flügel will ich wenigstens
Amitabhas Namen rezitieren.

Am Ende der
Spirituellen Reise
Wartet der Weise
Im Spiegelbild.

Tausend Tage oder
Tausend Jahre.
Nirwana ist zeitlos.

Ein Ozean voller Tränen.
Ein Dschungel ewiger Gier.
Und endlose Wüsten des Hasses.
Sitz. Erwach. Verändere die Welt!

Es wäre so einfach,
Den Weltfrieden wahrzumachen.
Wir müssten nur allen Hass
Und alle Gier aufgeben.

Buddha lächelte,
Denn er sah unser Glück,
Doch er wusste auch,
Wie weit der Weg dorthin ist.

Ich will leben,
Ohne zu leiden.
Deshalb nehme
Ich dreifach Zuflucht.

Jedes Leben
Der Erfüllung
Des Bodhisattvaschwures widmen.

All die Chancen und
Möglichkeiten zu heilen,
Werden verstreichen,
Wenn du der Sinnesgier folgst.

Ein Licht verzaubert
Dein Leben. Es entspringt
Mitten in deinem Herzen.

Eine Buddhina
Erwachte und lehrte
Den Weg weiblicher Erleuchtung.

Wahre Liebe
Geht viel tiefer
Als sexuelle Triebe.

Sich vor den Buddhas
Niederwerfen und einen Pfad
Betreten, auf dem alle Schmerzen
Heilsam transzendieren.

Zu glauben, dass der Buddha
In uns ist, ist eine schwere
Spirituelle Prüfung.

Gemeinsam können wir heilen,
Indem wir in der Sangha in Buddhas
Vierfacher Liebe verweilen.

Das Leben ist wie ein Traum,
Der Leiden und Sorgen produziert.
Nach dem Erwachen entstehen weder
Leiden noch Sorgen.

Über den Autor:

Niemand
suchte das Nichts
Und fand niemals.